누리 과정에서 쏙쏙

신체운동 · 건강 건강하게 생활하기 – 자신의 몸과 주변을 깨끗이 한다.
　　　　　　　　　　　　　　　– 질병을 예방하는 방법을 알고 실천한다.

초등 과정에서 쏙쏙

통합 나2　1. 나의 몸 – 내 몸이 무럭무럭, 내 몸을 살펴요, 내 몸을 깨끗이 해요
과학 5-2　1. 우리 몸

감수 및 추천 이명근 박사(미국 존스홉킨스 대학교 교수 역임, 현재 연세대학교 보건대학원 교수)

세계 곳곳의 재난지에 뛰어들어 어린이들은 물론 도움이 필요한 사람들을 구조하며 봉사의 삶을 사는 분입니다. 알아야 더 잘할 수 있다는 믿음으로 연세대학교 보건대학원에 '국제 재난 대응 전문가 과정'을 개설하여 많은 재난 구조 전문가를 양성하고 있습니다. 국제 NGO인 '머시코'(Mercy Corp.)와 UNDP(유엔경제개발계획)에서 활동하기도 했습니다. 지금은 재난 구호의 필요성을 알리고, 아시아와 아프리카의 개발을 위해 '코이카'(KOICA, 한국국제협력단)와 국제 개발 기관인 '글로벌 투게더' 등과 함께 봉사에 앞장서고 있습니다.

글 제인 세인트 클레어

노스웨스턴 대학 및 동 대학원에서 저널리즘을 공부하였으며, 졸업 후 '할리우드 넥스트 석세스' 등의 시나리오 공모전에서 우승하기도 했습니다. 〈레드라〉, 〈리뷰〉, 〈우먼픽션〉 등의 문학 잡지와 「시카고 트리뷴」, 「에반스톤 리뷰」 등의 신문사에서 편집자로 근무했습니다. 현재는 '세사미 스트리트'와 '머펫쇼' 등의 어린이 프로그램 작가로 활동하고 있습니다.

그림 모레나 포르자

고양이 두 마리, 사냥개 한 마리와 함께 밀란에서 살고 있지만, 언젠가 시골로 가서 살기를 꿈꾸고 있습니다. 2009년에 일러스트에 전념하기 위해 직장을 떠난 뒤 지금까지 프리랜서 일러스트 작가로 활동하고 있습니다.
주로 어린이를 위한 그림을 그리고 있으며, 그림책, 교육용 도서, 잡지, 연하장, 디지털 미디어 등 다양한 형태의 작품을 꾸준히 발표하고 있습니다.

인체 | 바이러스와 건강
30. 그게 도대체 뭔데?
글 제인 세인트 클레어 | **그림** 모레나 포르자
펴낸곳 스마일 북스 | **펴낸이** 이행순 | **제작 상무** 장종남
대표 조주연 | **주소** 서울특별시 종로구 사직로8길 20, 103호
출판등록 제2013-000070호 **홈페이지** www.smilebooks.co.kr
전화번호 1588-3201 **팩스** (02)765-1877
기획·편집 조주연 김민정 김인숙 | **디자인** 김수정 정수하
사진 제공 및 대여 유로포토 셔터스톡 연합뉴스

이 책의 모든 글과 그림 등의 저작권은 스마일 북스에 있습니다.
본사의 허락 없이 이 책에 실린 내용의 일부 또는 전체를 어떤 형태로든지
변조하거나 무단 복제하는 것은 법으로 금지되어 있습니다.

⚠ 책을 집어던지면 다칠 수 있으니 조심하십시오. 잘못 만들어진 책은 바꾸어 드립니다.

그게 도대체 뭔데?

글 제인 세인트 클레어 | **그림** 모레나 포르자

온 세상 아이들이 궁금해했어.
"세상이 뒤집어진 거야?"

그전과 모든 게 달라졌거든.
학교에도 못 가고, 친구들과 놀지도 못 하고,
할머니, 할아버지를 만날 수도 없어.
밖에 나가려면 마스크를 꼭 써야 해.
그러고도 다른 사람들과 멀리 떨어져 있어야 하지.
무슨 일이 일어난 거지?

어른들은 얘기해.
"이게 다 코로나바이러스 때문이란다."
그게 도대체 뭔데?

코로나바이러스는 동물이나
식물처럼 살아 있는 녀석이야.
그런데 점보다도 먼지보다도 훨씬 작아서
우리 눈에 절대 보이지 않지.
전자 현미경이라는 특별한 기계로 겨우 볼 수 있는데
동그란 공 모양에 뾰족한 것들이 돋아난 모습이래.

이렇게 말이야!

애걔, 그렇게 작아?
겨우 그 작은 녀석 때문에 세상이 난리가 난 거라고?

맞아. 이 작은 바이러스가 무서운 이유는
몸속에 들어가 우리를 아프게 하기 때문이야.
게다가 몸속에서 똑같은 바이러스를 만들어 낸대.
끝도 없이 계속해서 말이야!

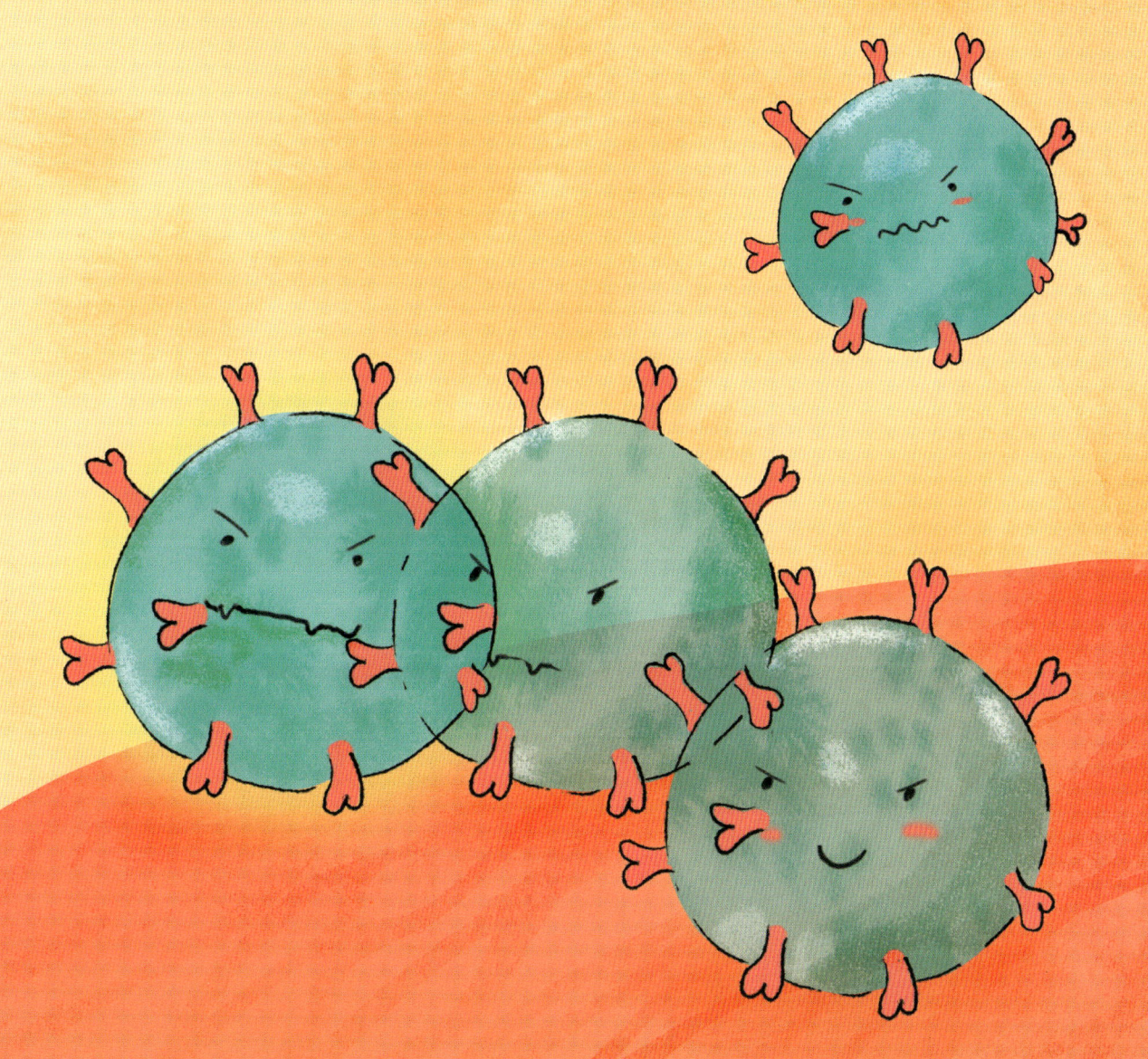

그러나 우리 몸속엔
바이러스와 싸우는 군사들이 있어.
"이런, 몸속에 나쁜 게 들어왔군. 어서 쫓아내자!"

바이러스와 싸우는 군사들은
아주 똑똑하고 강한 세포들이야.
바이러스가 들어오면 즉시 알아차리고
사라질 때까지 열심히 싸우지.

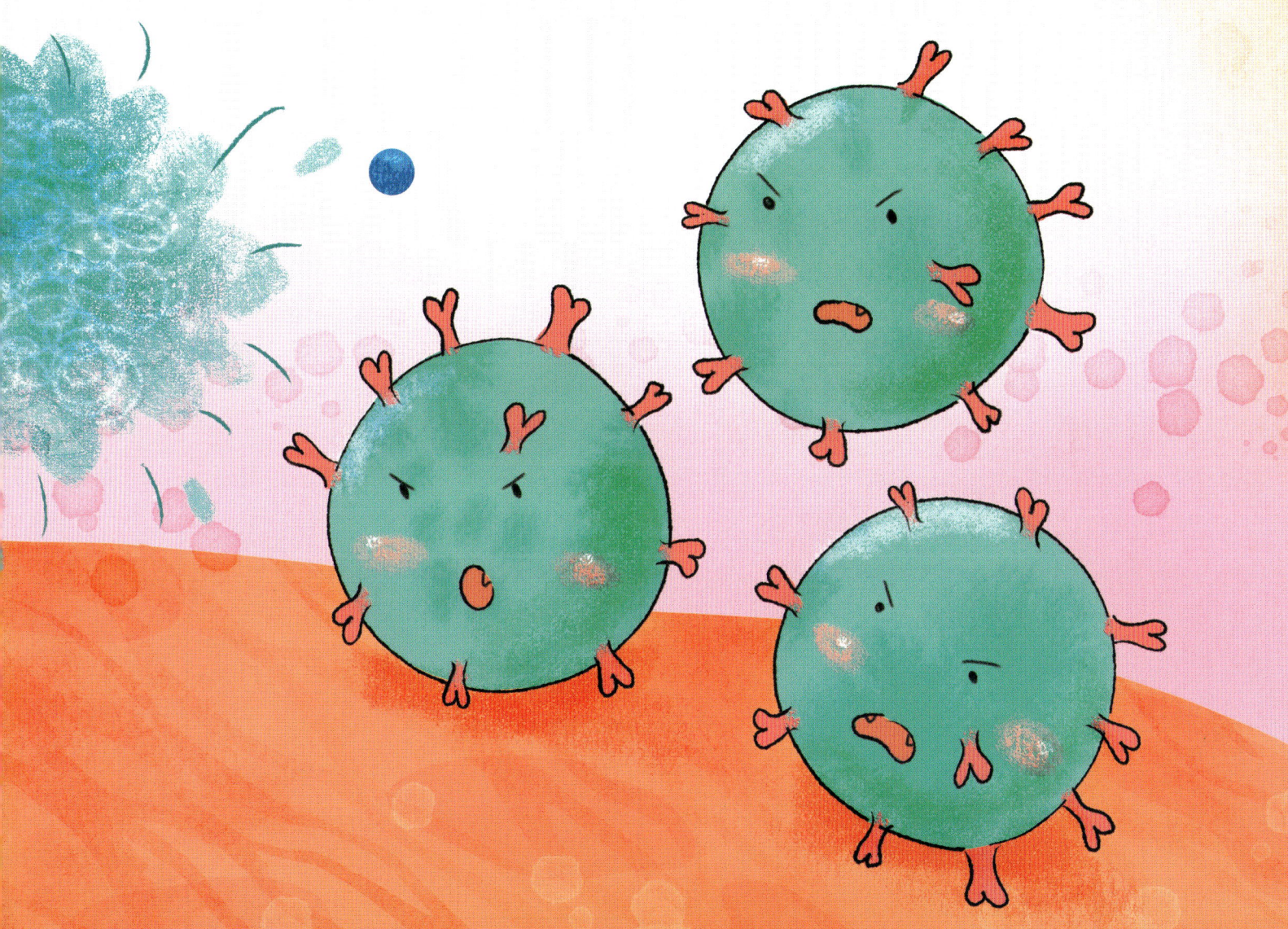

군사 세포가 열심히 싸울 때 우리 몸에선
열도 나고 목도 아프고, 기침도 나와.
다행히 아이들의 군사 세포는 무척 튼튼해서
일주일 정도 앓고 나면 낫는다고 해.

문제는 할아버지 할머니들이야.
군사 세포가 너무 오래되고 약해서
바이러스에게 질 수도 있거든.
노인들은 코로나바이러스에 감염되면 무척 위험해.

코로나바이러스가 무서운 또 다른 이유!
바로, 여기저기 옮겨 다닌다는 거야.
사람들이 말하거나 숨을 쉴 때마다
코와 입을 통해 다른 사람 몸에 들어가지.

코로나바이러스는 물건에도 묻어 있어.
감염된 사람이 손을 댄 물건 위에서
며칠씩 죽지 않고 살 수 있대.

우리 주변의 손잡이, 엘리베이터, 장난감, 핸드폰에도
무서운 바이러스가 숨어 있을지 몰라!

사람들은 자기도 모르게 얼굴을 자주 만져.
눈도 비비고 코도 만지고, 입 주변도 만지지.
바이러스를 만진 손으로 얼굴을 비비면 어떻게 될까?
금세 바이러스가 몸속으로 들어가겠지?

그래서 마스크가 꼭 필요한 거야.
침방울을 통해 바이러스가 옮는 것을 막아 주고
코나 입을 만질 수 없게 가려 주거든.
불편하고 답답해도 마스크를 꼭 써야
우리 모두를 지킬 수 있어.

손을 깨끗이 씻는 것도 무척 중요해.
아무리 무서운 바이러스도
손을 깨끗이 씻으면 사라져 버리거든.
기억해. 비누칠을 하고, 20초 이상 구석구석 문지르기!
20초를 세는 게 어렵다면 노래를 불러 봐.
'생일 축하합니다' 노래를 두 번 부르면 돼.

코로나바이러스가 세상에 처음 나타났을 때
사람들은 두려움에 덜덜 떨었어.
"절대 집 밖으로 나오면 안 됩니다! 바이러스에 걸려요!"
유치원, 학교, 도서관, 음식점이 굳게 문을 닫았어.

시간이 지나자 사람들은 알게 되었단다.
규칙을 잘 지키면 예전처럼 살 수 있다는 것을.
마스크를 잘 쓰고, 손을 깨끗이 씻고,
사람들과 거리 두기를 하면 안전하다는 것을.
곧 닫혔던 가게들도 하나둘 문을 열기 시작했지.

의사들과 과학자들은 코로나바이러스 백신도 만들었어.
백신은 우리 몸을 지켜 주는 예방 주사야.
주사기로 아주 약한 바이러스를 몸속에 넣는 거란다.
군사 세포들이 쉽게 싸워 이길 수 있도록 말이야.
한 번 싸워 본 세포들은 더욱 똑똑하고 강해져서
진짜 바이러스가 들어와도 모두 막아 낼 수 있거든.

코로나바이러스는 언젠가 사라질 거야.
그동안 사람들은 많은 질병과 싸워서 이겨 왔거든.
다시 마스크를 벗고 친구들을 만나고
소풍도 가고, 물놀이도 하고, 음식을 나눠 먹을 수 있을 거야.
할머니 할아버지를 찾아가 뽀뽀도 할 수 있겠지?

가고 싶은 곳도 못 가고, 보고 싶은 사람도 못 봐서
지금은 조금 답답하고 화도 날 거야.
하지만 규칙을 지키면서 씩씩하게 견뎌 보자.
바이러스가 사라진 세상을 상상하면서 말이야!
네가 상상한 세상은 어떤 모습이니?

온 세상을 뒤집어 놓은 바이러스

신종 코로나바이러스가 온 세상을 돌아다니며 사람들을 혼란에 빠트렸어요.
이 새로운 바이러스는 몇 달 만에 전 세계로 퍼져 나갈 수 있는
높은 전염력을 가졌답니다.

세균과 바이러스는 달라요

세균과 바이러스는 닮은 듯 달라요. 둘 다 우리 몸에 허락 없이 들어와 살면서 숫자를 늘려 갈 수 있어요. 하지만 세균은 양분이 충분하면 스스로 살아갈 수 있지만 바이러스는 다른 생물에 기대지 않으면 살아남을 수 없어요. 바이러스는 다른 생물의 세포 속에 들어가서 세포가 가진 것을 빼앗아 살아가기 때문이에요. 또, 세균은 병을 일으키기도 하지만 사람에게 도움을 주기도 해요. 반대로 바이러스는 사람에게 해를 끼치지요.

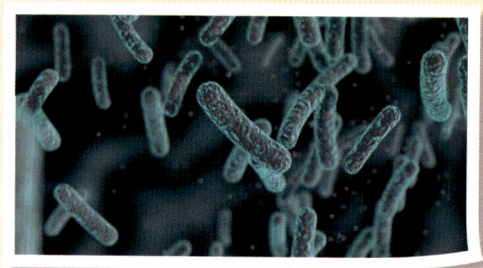

식중독을 일으키는 살모넬라균이에요. 세균이 우리 몸속에 들어오면 항생제로 치료할 수 있어요.

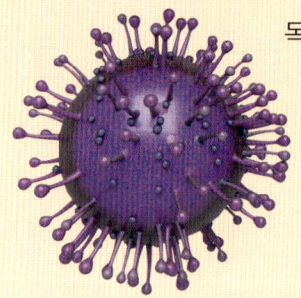

독감을 일으키는 바이러스예요. 아직 바이러스를 완벽하게 치료할 치료제가 없어서 예방 접종이 필요해요.

바이러스의 구조

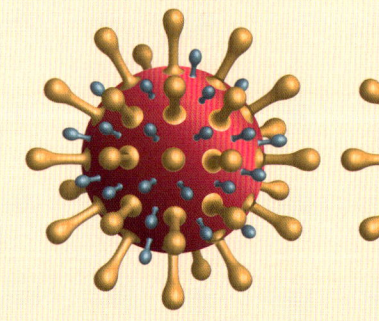
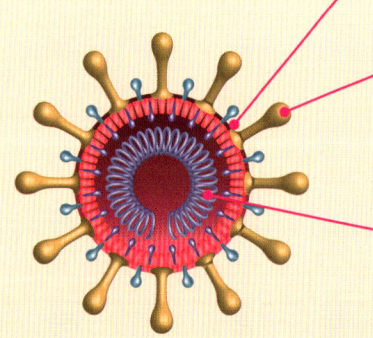

대부분의 바이러스는 겉면이 바이러스 막으로 둘러싸여 있어요.

표면에 솟아 있는 돌기는 열쇠와 자물쇠처럼 바이러스와 세포가 꼭 맞물려 붙게 해요.

캡시드라는 단백질이 바이러스의 유전체를 감싸고 있어요.

바이러스가 우리 몸을 공격하는 방법

바이러스는 아주 빠른 속도로 복제를 해요. 복제란 자신과 같은 유전 정보를 가진 바이러스를 많이 만들어 내는 거예요. 세포 속에서 어마어마하게 수를 늘린 바이러스는 세포를 뚫고 나와서 우리 몸에 병을 일으키게 되지요. 바이러스가 빠져나온 세포는 망가져 버린답니다.

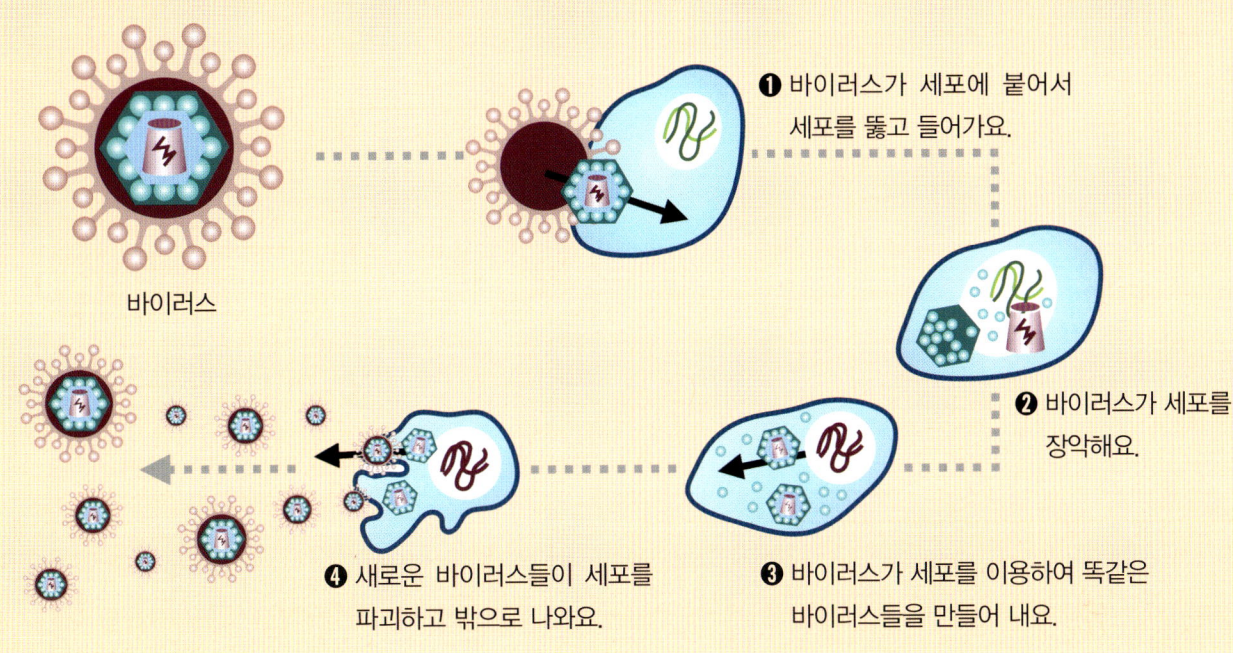

바이러스

❶ 바이러스가 세포에 붙어서 세포를 뚫고 들어가요.

❷ 바이러스가 세포를 장악해요.

❸ 바이러스가 세포를 이용하여 똑같은 바이러스들을 만들어 내요.

❹ 새로운 바이러스들이 세포를 파괴하고 밖으로 나와요.

바이러스는 세균보다 그 크기가 훨씬 작아서 전자 현미경이 발명되기까지는 눈으로 확인할 수 없었어요.

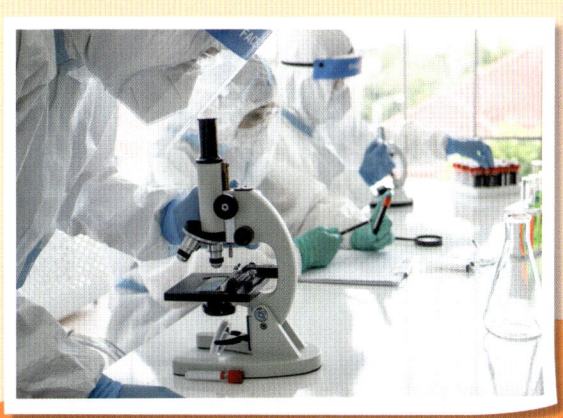

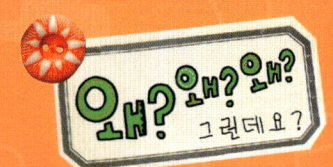

코로나바이러스에 대한 요런조런 호기심!

'코로나바이러스'는 왜 그런 이름이 붙었어요?

코로나는 라틴어로 '왕관'이라는 뜻을 가지고 있어. 바이러스의 모양이 마치 왕관 모양과 비슷해서 붙여진 이름이지. 코로나바이러스는 여러 종류가 있단다. 그래서 2019년에 발생한 코로나바이러스의 정식 이름은 '코로나바이러스 감염증-19'라고 하는데, 줄여서 '코비드-19'라고도 해.

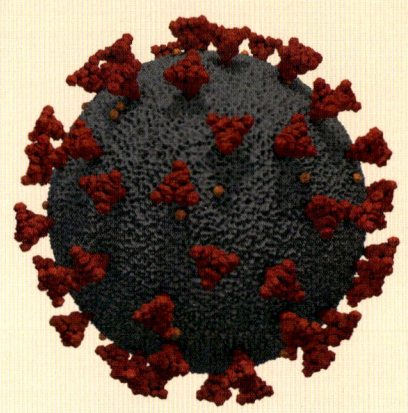

그 모양이 왕관을 닮아서 '코로나바이러스'로 불러요.

왜 신종 코로나바이러스라고 불러요?

코로나바이러스는 호흡기 질환을 일으키는 바이러스야. 1930년대 닭에서 처음으로 발견된 이후 개·돼지·조류 등의 동물에서 발견되었고, 1960년대에는 사람에서도 발견되었단다.

지금까지 사람에게 전염된 코로나바이러스는 모두 7종류야. 세계적으로 사람들을 크게 위협했던 '메르스'와 '사스'도 모두 코로나바이러스들이고, 2019년에 세상을 뒤흔든 7번째 새로운 코로나바이러스가 발견된 거지.

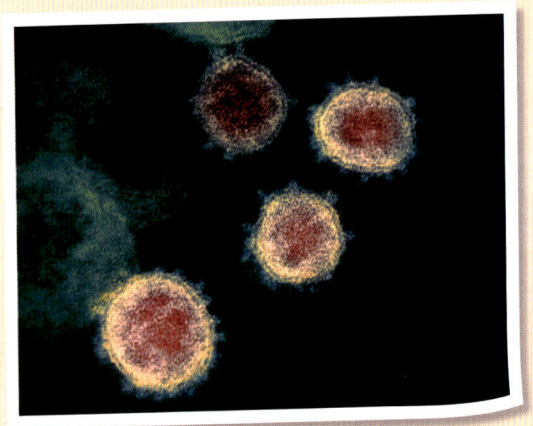

심각한 호흡기 질환을 일으키는 사스 코로나바이러스예요. 2002년 11월 처음 나타나 전 세계로 퍼져 나갔어요.

백신이 왜 중요해요?

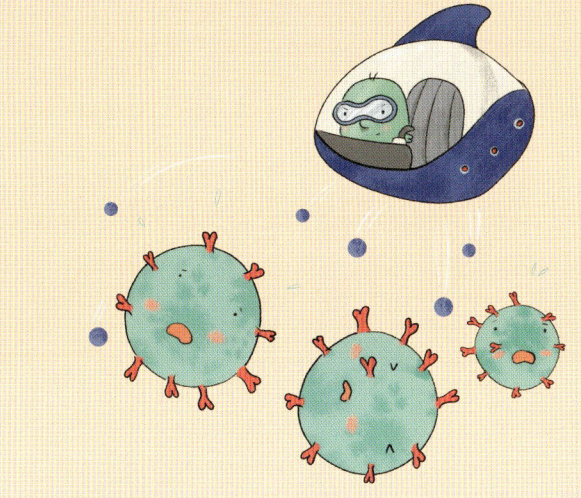

우리 몸에 바이러스 같은 위험한 물질이 들어오면, 우리 몸은 여러 가지 일을 해. 그 중 하나가 '항체'를 만드는 거란다. 항체는 바이러스나 세균과 같은 외부 물질의 정보를 기억해 뒀다가 그 물질에만 달라붙어 망가뜨려. 나중에 같은 외부 물질이 들어오면 쉽게 물리칠 수 있지. 백신은 이렇게 특정한 바이러스나 세균에 대해 우리 몸이 미리 항체를 만들어 면역력을 갖게 해 주는 물질이야. 그래서 바이러스에 감염되기 전에 미리 예방 접종을 받는 게 중요하단다.

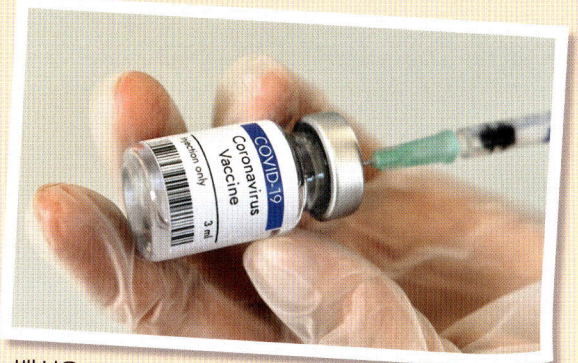

백신은 바이러스에 대한 면역력을 갖게 해 주어 바이러스가 퍼지는 것을 막을 수 있어요.

면역력을 높이면 바이러스도 막을 수 있나요?

우리 몸은 스스로를 보호하는 강한 힘이 있어. 이것이 바로 면역력이야. 면역력이 있어서 나쁜 세균이나 바이러스가 우리 몸속으로 들어왔을 때 이를 물리칠 수 있지. 면역력은 스스로 생기기도 하고, 예방 주사를 맞아서 생길 수도 있어. 면역력이 좋으면 세균이나 바이러스를 쉽게 물리칠 수 있기 때문에 평소에 면역력을 높이는 생활 습관이 필요하단다. 음식을 골고루 먹고, 운동을 꾸준히 하고, 매일 밖에서 적절한 활동을 하면서 즐겁고 긍정적인 마음으로 생활하면 면역력을 높일 수 있지.

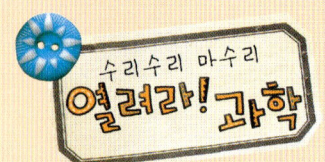
우리를 위협하는 바이러스

우리 주변 어딘가에는 항상 바이러스가 존재해요. 어떤 바이러스가 언제 어떻게 우리 몸속에 들어와 아프게 할지 몰라요. 그렇다고 너무 걱정할 필요는 없어요. 항상 손을 깨끗이 씻고, 마스크를 잘 쓴다면 얼마든지 막을 수 있어요.

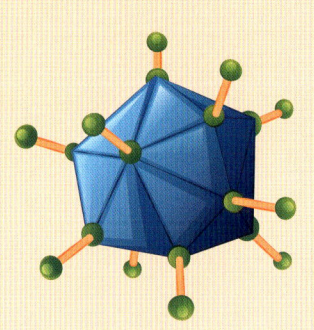

아데노바이러스
주로 여름에서 가을철에 어린이 사이에서 심한 감기와 눈병 등을 일으켜요.

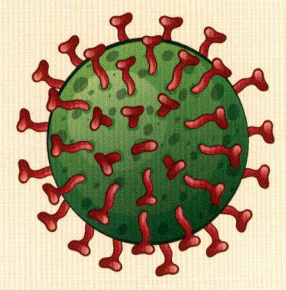

로타바이러스
유아들 사이에서 설사를 일으켜요. 전 세계 모든 아이가 5살 전에 한 번은 감염된다고 해요.

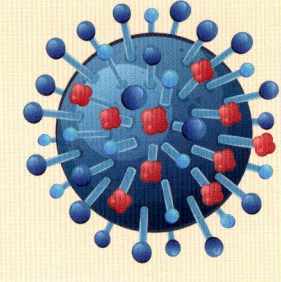

인플루엔자바이러스
독감을 일으키는 바이러스예요. 독감과 감기는 증상이 비슷하지만 전혀 다른 질병이에요.

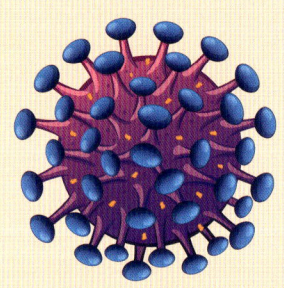

인체면역결핍바이러스
사람의 몸 안에서 살면서 면역 기능을 파괴해 에이즈라고 불리는 후천성면역결핍증을 일으켜요.

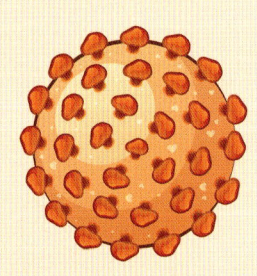

비형간염바이러스
간세포를 파괴하여 간에 염증을 일으켜요. 오염된 주사기를 통해 감염되는 경우가 많아요.

바이러스를 막아 주는 올바른 손 씻기

바이러스가 우리 몸속에 들어오지 않게 하려면 자주 손을 씻어야 해요.
올바른 손 씻기 6단계를 배워 보아요.

1. 손바닥
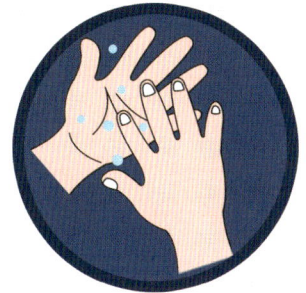
① 손바닥과 손바닥을 마주 대고 문질러 주세요.

2. 두 손 모아
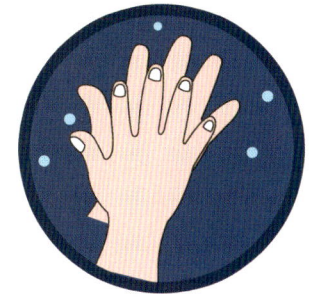
② 손가락을 마주 잡고 문질러 주세요.

3. 손등
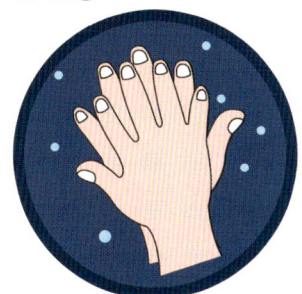
③ 손등과 손바닥을 마주 대고 문질러 주세요.

4. 엄지손가락
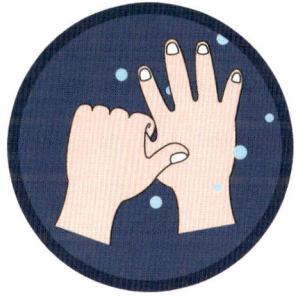
④ 엄지를 다른 쪽 손바닥으로 돌려 주면서 문질러 주세요.

5. 손가락 사이
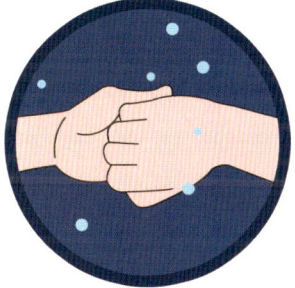
⑤ 손바닥을 마주 대고 손깍지를 끼고 문질러 주세요.

6. 손톱 밑
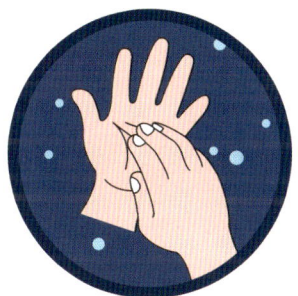
⑥ 손바닥을 반대편 손바닥에 놓고 문지르며 손톱 밑을 씻으세요.

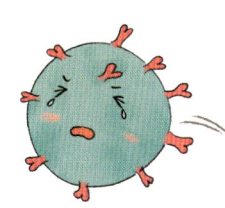

20~30초 동안 꼼꼼하게 씻어요!